AF268335

# LA
# LIBERTÉ DIFFÉRÉE

PARIS

IMPRIMERIE BALITOUT, QUESTROY ET Cᵉ,

7, RUE BAILLIF ET RUE DE VALOIS, 18.

—

1866

# LA

# LIBERTÉ DIFFÉRÉE

A cette heure, décembre 1865, l'Empire entre dans la quatorzième année de sa glorieuse et bienfaisante carrière. Où que l'on jette les regards, au dehors et à l'intérieur, partout le spectacle est superbe, et certes, ceux qui aiment l'Empereur et son gouvernement ont le droit d'être fiers. L'Europe attentive a les yeux fixés sur la France et son chef; tout se fait par eux et avec eux ; ils dominent, et cela sans contrainte, par la sagesse seule qui préside à leurs déterminations. A l'intérieur, les partis, amortis, s'égrennent peu à peu, leurs rangs s'éclaircissent, et partout accepté, partout acclamé, partout béni, l'Empereur, heureux de ses œuvres, pourrait se reposer si son infatigable activité ne l'aiguillonnait sans cesse.

Les ennemis de l'Empire acceptent, ou à peu près, les traits principaux du grand tableau que je viens de tracer à la hâte, mais ils insinuent qu'à ce tableau il y a une ombre malheureuse, et que cette ombre voile la liberté. C'est sur ce sujet épineux et brûlant que je voudrais appeler l'attention ; je vais essayer de l'effleurer en quelques pages.

En 1852, la France affolée, terrifiée de ses libertés, se jeta avec elles dans les bras de l'Empereur. L'Empereur la reçut, pansa ses plaies, et peu à peu lui rendit l'usage de ces armes dangereuses qui avaient failli la tuer.

Aujourd'hui, on réclame la liberté, et cela de deux façons : les uns la veulent immédiate ; les autres comme couronnement de l'édifice. Les partisans de la liberté immédiate, tout à coup, sans conditions, sans préambule, sont des ennemis ou des amis maladroits. C'est tout un ; inutile en conséquence de discuter leur aspiration puisqu'elle ruine, puisqu'elle sape, et que, pour ses œuvres, il lui faut la liberté pour arme, ou plutôt pour levier. Les autres admettent la liberté comme couronnement de l'édifice. Couronnement de l'édifice ! certes c'est là une belle expression, concise, énergique dans la bouche d'un chef d'empire, parlant aux grands corps d'un État. Mais pour moi, simple particulier, ce mot est trop haut, il plane trop. Liberté différée m'agrée davantage, parce que je suis forcé de voir pourquoi elle est différée, et si je parviens à le voir, je puis le dire : c'est ce que je vais tenter.

Quand on parle de liberté différée, il y a une chose essentielle, importante, impossible à passer sous silence, dont il faut tenir compte ; bien plus, qu'il faut montrer à tous : ce sont les aspirations personnelles du chef de l'État, de l'Empereur, de l'homme, s'il est permis de s'exprimer ainsi. A moins d'une injustice absolue, révoltante, il est impossible de nier ces aspirations libérales ; elles sont dans tout, mais plus encore dans la vie passée de l'Empereur. A présent, au faîte du pouvoir, comme chez tous les hommes qui ont en main le timon des affaires, évidemment ces aspirations sont cachées, voilées, nébuleuses, mais ces voiles transparents ne trompent personne ; une main respectueuse peut chercher à les soulever, et, en n'engageant qu'elle-même, ouvrir bien des yeux obstinément fermés.

On n'est pas envoyé à l'Assemblée constituante par cinq département, on ne vient pas s'asseoir dans cette même Assemblée à une place ostensiblement découverte ; on ne sort pas de là avec six millions de suffrages pour la présidence, avec un million de plus pour mettre une couronne sur sa tête, on ne traverse pas toutes les étapes de l'adversité avec des livres qui vous divulguent, on ne fait pas tout cela pour, en arrivant au pouvoir, mettre dans sa poche ce qu'il vous convient d'y laisser lorsqu'on est l'honnête homme le plus en vue d'un grand pays. Il est clair que cet honnête homme au pouvoir n'écrira plus de même, qu'il parlera moins clairement en parlant pour tous que lorsqu'il parlait pour lui. Mais il est non moins évident que le même homme, toujours lui, constamment suivi, seulement plus maître de lui parce qu'il le doit à ses fonctions, participera sans cesse de ce qu'il a été : on s'amende dans ces cas-là ; on se transforme : de gouverné on devient gouvernant ; d'une responsabilité personnelle on passe à une responsabilité millionnisée ; mais l'homme au début, le penseur, l'écrivain, l'homme attaché aux idées libérales comme la chair à ses os, l'homme rivé à ces idées par les supériorités réunies du cœur, du cerveau et de l'esprit, cet homme reste et demeure le même, cela est évident, clair, inniable.

Si de ces considérations rétrospectives sur l'homme et le prince on passe à l'Empereur, c'est alors que les aspirations libérales apparaissent bien plus encore, Les années écoulées du règne actuel sont un tissu serré d'améliorations matérielles et morales. A quoi bon les passer en revue ou les compter? Le bilan est dressé dans la conscience et la reconnaissance de chacun de nous.

L'activité du chef de l'État est une chose acquise et dont personne ne doute. Cette activité est un foyer de lueurs qu'une main attentive porte dans les angles les plus obscurs. Là, dans un coin sombre gît un abus. Signalez-le ; la main providentielle paraît, et l'abus s'envole au loin. Je n'en veux pour preuve que cette simple exclamation que tout homme vivant parmi les petits a entendu vingt fois : Ah ! si l'Empereur le savait ! Cette parole est vieille ; elle a été dite autrefois ; on la disait alors pour le Roi comme aujourd'hui pour l'Empereur. Mais en y réfléchissant, on trouvera une grande différence dans la manière dont cette expression était entendue et l'est aujourd'hui. Le peuple disait : si le Roi le savait ! mais il faisait honneur bien plus à la puissance du Roi qu'à sa bonne volonté, dont on ne doutait pas, mais qui sommeillait. Le Roi pouvait et ne pouvait pas ; il pouvait comme puissance absolue, comme ordre irrésistible, mais comme puissance agissante, armant un bras acharné sur la nuit, le Roi ne pouvait ni ne voulait. Que c'est différent, aujourd'hui ! Non-seulement l'Empereur peut, mais il veut, et ce qu'il veut fermement, il le fait, et ce qu'il fait saute aux yeux, et le vulgaire s'en saisit, et il dit en voyant un abus : si l'Empereur le savait ! Il y a une chose qu'il faut avouer avec autant d'amertume que de sincérité : c'est qu'en France même, et surtout à présent, l'initiative toute puissante du chef de l'État est encore absolument indispensable ; en d'autres termes, ce chef est continuellement obligé à jouer le rôle d'une Providence. A qui la faute ? à personne et à tous ; connaissons nos défauts, avouons-les, c'est la seule manière de nous en corriger. Tant que ce rôle sera nécessaire, la liberté doit être ajournée, non pas à un jour fixe, c'est-à-dire mise de côté jusqu'à une heure sonnante, mais appelée peu à peu à éclairer, à féconder, à élaguer, sa force à elle marchant parallèlement aux efforts de l'Hercule qui nettoie nos écuries d'Augias.

Notre France actuelle est la fille d'une France plus âgée ; les Français d'à présent sont les fils d'autres Français que nous appelons nos pères ; les abus existants sont nés, eux aussi, d'anciens abus. Tout se lègue dans ce monde. Sous le nom unique d'abus, j'entends toutes les défectuosités d'idées, de mœurs, d'habitudes que le passé nous a transmis. C'est dans ces mille sinuosités obscures qu'il faut porter la lumière, c'est-à-dire le feu, le purifiant par excellence. L'action d'un prince au pouvoir, peut le montrer de bien des façons : Elle peut être molle, même indifférente quoique bien intentionnée. On a souvent comparé le pouvoir à un lit sur lequel un prince indolent dort les vingt-quatre heures de la journée. Mais sur ce même lit mettez un prince actif, inquiet du bien, tourmenté de l'idée du mieux, intelligent des besoins du plus grand nombre, ému de sa responsabilité, fiévreux du mieux-être matériel et moral de ses gouvernés, les yeux fixés sur le temps derrière, à côté, en face de lui, et dites quel sera ce sommeil, quel sera le résultat de ces veilles et de ces insomnies passées à creuser le profond problème du gouvernement ! L'action qui en sort n'est pas visible comme le soleil, n'est pas palpable ; mais elle s'infiltre peu à peu, elle porte pas à pas sa bienfaisante chaleur, elle féconde, et quand le résultat paraît, il semble que le bien soit venu tout seul. Et cependant, ce prince, à ce travail lent, a usé ses yeux pendant que nos yeux dormaient, ses forces pendant que nos forces reposaient. Incontestablement, le lit le moins foulé de France est celui où repose l'Empereur aux Tuileries. Tout le monde sait cela et le pense tout bas : je n'ai qu'un seul mérite, c'est celui de le dire tout haut.

Si de ces considérations générales sur une haute personnalité j'avais à passer aux partisans de la liberté immédiate, voici ce que j'ajouterais.

Un gouvernement n'est pas cette chose étroite que se figure le commun des martyrs. Un gouvernement n'est pas simplement composé d'un chef et de fonctionnaires sous ses ordres ;

c'est-à-dire, un gouvernement est bien cela, mais il faut se faire une idée exacte de l'action puissante de cette armée de chefs dont nous sommes les soldats. Un légitimiste, un républicain, un orléaniste veut se récrier à cette pensée qu'ils sont les soldats d'un gouvernement; mais ils ont beau dire et beau faire, ils ne sont que cela, et, coûte que coûte, forcés d'obéir. En effet, pour leurs impositions, ils vont au receveur-général et au percepteur; pour leurs procès, aux magistrats; pour leurs chemins, pour leurs routes particulières, vicinales, départementales, impériales, à l'ingénieur, au préfet; pour voter, au maire; enfin partout et toujours, à chaque instant, ils vont au fonctionnaire, causent, discutent avec lui, et en fin de compte sont imposés, jugés, classés, contrôlés par lui. De cet immense mouvement d'intérêts croisés sort une solidarité qu'il leur est impossible de répudier. Ils font donc, eux aussi, partie du gouvernement; c'est du gouvernement qu'ils reçoivent leur air respirable comme ils lui envoient le leur. Il suit de là, autour du gouvernement, un orbite immense, dans lequel nous sommes tous entraînés, que nous le voulions ou non; il suit encore de là que le gouvernement c'est nous comme nous sommes lui.

A ce point où j'en suis arrivé, il m'est enfin permis de dire que l'idée la plus complète que nous ayons d'un gouvernement, c'est une armée en mouvement. Je ne suis pas militaire, mais le simple bon sens m'indique qu'une armée en marche se garde en avant, en arrière et sur les côtés. Le général est au centre, libre d'ordonner en avant, en arrière, sur la gauche ou sur la droite. Personne que lui n'a le droit de faire exécuter un seul de ces changements. Je suppose ce qui est, en avant-garde, des tirailleurs, des enfants perdus. Ces tirailleurs, cette avant-garde, auront beau dire que l'on peut avancer, si le général qui est partout ne le juge pas prudent, on n'avancera pas. Le gouvernement est cela complètement, de point en point, jusques et y compris des ennemis au milieu desquels il se meut de même que l'armée. Une avant-garde, des tirailleurs, des enfants perdus lui crient : Vous pouvez donner la liberté ! le chef, l'Empereur, qui est au centre et partout, répond : Pas encore. Que dire à cela? Je défie qui que ce soit, pratiquement parlant, de soulever cette objection. En théorie, oh! c'est facile, et on ne s'en prive pas; aussi que voyons-nous? la plus triste et la plus déplorable des infirmités : toujours et constamment des hommes qui, dans leur cabinet de rédaction, la plume à la main disent : En avant! et une fois au pouvoir (cela s'est vu) se hâtent de crier : Machine en arrière! ou tout au moins : Stop! Dans ma comparaison d'une armée à un gouvernement, il y a un point vulnérable, je dirai plus, une objection formidable. Je la sais et je cours à sa rencontre. Et si le général est mauvais, dira-t-on? Ah ! si le général est mauvais, c'est fâcheux, mais l'armée est perdue, elle marche à une défaite, la preuve, c'est tous les gouvernements passés qui ont sombré en pleine force, en pleine sécurité. Cette objection m'agrée, tout au moins je la subis, car elle est de force majeure et inhérente à toutes les armées comme à tous les gouvernements.

Sommes-nous commandés par un bon général ? cette question fait sourire, car c'est la seule sur laquelle s'accordent les amis et les ennemis du gouvernement. Oh ! oui, c'est évident, nous sommes bien commandés, admirablement gouvernés. Eh bien! alors, laissons faire le général, obéissons, soumettons-nous et rangeons-nous, nous le peuple plus difficile à ranger du monde, à la compétence universellement reconnue, partout acceptée au dehors et au dedans, qui régit, fait, défait; accepte ou refuse, donne la liberté ou la diffère. Et après ? dira-t-on; car enfin un homme est un homme, un prince également ; un homme est mortel, et quelque fort qu'il soit, il ne peut s'incarner au gouvernement, ou sinon, ce gouvernement, sa force, sa sagesse, sa durée s'en vont avec lui.

Cela est vrai, mais on ne voit pas ceci : c'est que, parallèlement au temps, un peuple se perfectionne, et qu'en se perfectionnant il arrive aux milieux calmes et réfléchis; que bientôt, pour ce peuple, avec l'éducation à laquelle on l'initie, il n'y aura plus de révolutions ; que, tout au plus, des révolutions, au lieu d'être les soubressauts d'un fiévreux, deviendront les simples évolutions d'un homme qui, fatigué de dormir sur le flanc droit, se retourne sur le côté gauche ; que, parallèlement encore, l'aptitude des gouvernants s'affine, et que, sans peine, sans efforts, sans miracle, les successeurs d'un grand Prince succèderont non pas à ses grandeurs (c'est possible ; que nous importe?), mais à ce qu'il a fondé, si c'est bien fondé ; à ce qu'il a fait, si c'est bien fait.

Le Français est indocile et frondeur. L'amour-propre qui

le distingue et qui en fait précisément le premier peuple du
monde, le rend, par contre, difficilement gouvernable. Il lui
en coûte de se rapporter ; le contrôle lui suffit à peine, il veut
diriger, et quand il dirige lui-même, le poids de sa tête em-
portant le reste du corps, il trébuche et tombe. C'est précisément cet accord, entre les jambes qui portent et la tête qui
pense, c'est l'équilibre entre l'esprit et le corps, que l'Empereur a la mission de produire. C'est à cela qu'il travaille ; c'est
à cela qu'il veut et qu'il doit réussir. Refaire le tempérament
d'un peuple ! Mission énorme, étonnante ; mission de géant.
C'est à ce point de vue qu'il faut se placer pour expliquer et
justifier les immenses pouvoirs qui sont en ses mains, et qui,
sous peine de vie ou de mort, doivent lui rester. La mission
de l'Empereur est complexe ; on peut même dire qu'il en a
plusieurs. Celle qui les résume toutes : c'est de mettre de
l'ordre dans notre chaos. Est-il possible de penser que cette
mission soit constitutionnelle, dans le sens que l'on donne à
ce mot ? Évidemment non ; cette mission est incontestablement
dictatoriale, et cela, par la seule force des choses qui l'ont
suscitée au moment le plus déplorablement solennel que le
passé puisse montrer à nos regards. En effet, il ne s'agit plus
aujourd'hui de savoir qui dominera : du clergé, de la noblesse
ou de la bourgeoisie ; en d'autres termes, il ne s'agit ni de
castes ni de partis. Il est question de construire et de cimen-
ter une immense pyramide assise sur la large base de la démocratie, avec un sommet composé de toutes les supériorités
utiles et intelligentes ; de dire aux humbles : Relevez-vous ;

aux orgueilleux : Descendez; aux impatients : Plus douce-
ment; aux retardataires : Plus vite.

En France, les mots ont sur nous une action décisive. Un
mot nous effraye, un autre nous rassure; un mot nous re-
pousse, un autre nous fait avancer. Entre autres, le mot : *dictature* nous a toujours paru terriblement significatif. Nous
n'avons pas tout à fait tort; l'histoire à la main, ce mot est
déplorable; il signifie en général tout ce que la peur, l'igno-
rance et la superstition ont quelquefois entassé de plus mal-
faisant dans la même main. Une dictature dans les mains
paternelles de l'Empereur! Mais c'est le salut, la sécurité du
présent, l'espoir de l'avenir. Cette dictature lui fut remise
par acclamation. On se jeta dans ses bras en lui disant :
Sauvez-nous! Nous sommes sauvés, c'est sûr, mais un homme
qui se noie, tiré sur le rivage, n'est pas encore sauvé; il n'est
plus dans l'eau, il ne craint plus de se noyer, mais il est encore malade. Après le sauveteur, il lui faut le médecin. Le
médecin ne doit le quitter que tout à fait guéri, et alors com-
plétement sauvé. Nous sommes à peu près hors de l'eau, mais
pas encore guéris, si la main puissante qui nous retient venait
à cesser son action, nous courrions risque de retomber dans
le danger que nous venons de quitter.

Certes, il y a une chose que personne, assurément, ne refu-
sera à l'Empereur, c'est le sentiment, poussé à l'extrême,
d'une juste fierté nationale : tous les actes intérieurs et exté-
rieurs du gouvernement en font foi. Eh bien! cette fierté,
pour tout ce qui nous concerne, pour notre honneur, notre

dignité, notre considération de peuple, n'irait pas jusqu'à la liberté ? C'est impossible ; sans une injustice qui rompt avec tous ses actes, est-il permis de douter que le rêve le plus cher de l'Empereur ne soit de commander à une nation d'hommes libres, d'hommes dignes et capables de l'être ? Si cela est (et personne n'en doute), alors laissons faire ; attendons, reposons-nous sur lui. L'Empereur, qui cherche à franciser des Arabes, hésiterait-il à nous franciser tout à fait en nous faisant ce que nous fûmes toujours, des Francs ?

Pour en finir, que demandent les partisans de la liberté immédiate ? Ils demandent le droit de tout dire et de tout faire ; on a beau dire, le mot *liberté* comporte tout cela. Le droit de tout dire et de tout faire ! C'est beaucoup. Je suppose que ce soit accordé. En admettant que l'on n'abuse pas de cette ampleur de droits, faut-il compter les gens qui en feront usage, qui pourront en faire usage, qui sauront en faire usage, car enfin, ce n'est pas tout d'avoir un instrument (pour ne pas dire une arme), il faut encore savoir s'en servir. En mettant à part les mal intentionnés, les hommes de désordre, comptons les indifférents, les occupés, les ignorants, ceux qui font le nombre, et nous verrons ce qu'il restera pour manœuvrer ce puissant levier qu'on appelle la liberté. Les travailleurs et les ignorants, ceux qui font le nombre ! c'est pour eux, à tout prix, qu'il faut la liberté différée ; en effet, tout leur manque encore, et surtout l'instruction, cet instrument essentiel de leur majorité. Cette classe intéressante arrive d'hier à la lumière ; ses yeux ne sont pas encore faits à l'éclat des splendeurs qui l'attendent. Ces splendeurs, le premier qui les ait aperçues, c'est Napoléon Ier; c'est lui qui tenta d'écarter par le glaive le voile qui les couvrait. C'est à Napoléon III que revient la deuxième gloire de le déchirer tout à fait. C'est pour ces splendeurs qu'il règne, c'est pour elles qu'il gouverne, c'est pour elles qu'il diffère la liberté. Au reste, que l'on ne s'y trompe pas, le peuple sait cela; il n'en doute pas, il en est sûr; il compte sur l'Empereur, il s'appuie sur lui de tout son poids. C'est qu'en voyant ce qui lui manque, le peuple voit également ce qu'on doit, ce qu'on pourra lui donner.

La démocratie est patiente parce qu'elle est sûre de l'avenir. Et pourquoi est-elle sûre de l'avenir? C'est qu'elle ne perd pas de vue l'Empereur dont elle voit les actes et pressent les intentions bienveillantes.

On ne troublera jamais plus la démocratie par des mots plus ou moins sonores. La liberté est un de ces mots; c'est par elle qu'on ameutait autrefois. Aussi la liberté fut toujours une tête de Méduse pour les gouvernements.

Aujourd'hui c'est bien différent! Loin de hurler échevelée aux portes des Tuileries, elle y trône souriante et rassurée; c'est la douce compagne de l'Empereur, et le jour différé arrivera où, pompeuse et digne, elle descendra s'asseoir au milieu de nous.

FIN.

www.ingramcontent.com/pod-product-compliance
Lightning Source LLC
Chambersburg PA
CBHW061237050726
47594CB00009B/3921